Etahi Inoi
*A Selection of Prayers and Readings
from the Writings of Bahá'u'lláh,
the Báb and 'Abdu'l Bahá.*

New Zealand Maori
Translated by
Te Pakaka Tawhai

COPYRIGHT 1981
National Spiritual Assembly
of the Bahá'is of New Zealand, Inc.

E whakapaitia ana te kainga,
    me te whare,
        te wahi,
    me te taone,
        te ngakau,
    me te maunga,
        te piringa,
    me te ana,
        te awaawa,
    me te whenua,
        te moana,
    me te moutere,
    me te raorao

i whakahuatia ai te ingoa o Ihowa kia
whakakororiatia hoki nga mihi ki a ia Ia.

                            - Bahá'u'lláh

Contents

1. Karakia Poto Kia Korerotia I Nga Ra Katoa 1
2. Kaitango O Nga Hemanawatanga 3
3. Te Ata 5
4. Ahiahi 6
5. Muru I Te Hara 8
6. Tamariki 11
7. Awhina 12
8. Whaka Ora 15

9. Kotahitanga 17
10. Haere 19
Mo Ratau Kua Huri
    Ki Tua O Te Arai 21
Mo Ratau Kua Huri
    Ki Tua O Te Arai 22
Nga Kupu Ngaro 24

E te Tama o te Hunga Ora!

E te Tama a te Tangata!

"Whakapuakina atu ki a ratau e arohanuitia nei kua puta i nga wa tapu he mara hou, e rere porotititia ana e nga tipua mai o te rangi e nga mana ora tonu akeake o rungarawa. Kawea ra, kia ata u ai koutou ki tera pikitanga, kia wetewetetia ai e koutou nga mea huna o te aroha mai i ona putiputi haumiri a kia ako ai koutou i aua mea huna o te maramatanga tapu marama puta noa no ona hua e kore nei e ngaro."

- Bahá'u'lláh

KARAKIA POTO KIA KOREROTIA I NGA RA KATOA

(Short Obligatory Prayer)

Kia kotahi te korerotanga i roto i nga haora e ruatekauma wha, i te titahatanga o te ra.

E mainga ana e au, E toku Atua, Náu au i hanga kia mohio ki a Koe a kia koropiko ki a Koe.

E whaka puaki ana au, i tenei wa, ki toku ngoikore a ki Tóu kaha, ki toku pohara a ki Tóu oranga.

Kahore he Atua i tua atu ko Koe anake, te Awhina i roto i te Mate, te Mana noho Motuhake.

- Bahá'u'lláh

KAITANGO O NGA HEMANAWATANGA

(Remover of Difficulties)

Tera noa he kaitango o nga hemanawatanga i tua atu i Te Atua?

Whakahuatia: Kia whakanuitia Te Atua! Ko Ia ake Te Atua!

Ko te katoa Ana pononga, a e noho ana te katoa i te mea Nana i whakaaro!

- Te Báb

TE ATA

(Morning)

Na Tou atawhai kua maranga au i tenei ata, E toku Atua, a mahue iho toku kainga i runga i te pau atu o te whakapono ki a Koe me taku tuku atu i ahau hei a Koe tiaki ai. Tukuna iho ra i te rangi o Tou aroha ki runga i au, he whakapai no Tou taha a he homai kia ahei au ki te tae ora ki te kainga pera hoki i Tau mahi i ahei ai au i raro i Tou maru aki i te mate ke te wakatika me te pupuri tonu i oku whakaaro ki runga i a Koe.

Kahore he Atua ke engari ko Koe anake, te Motuhake, kaore Ona ritenga, te Mea mohio ki nga mea katoa, te runga o te matau.

- Bahá'u'lláh

AHIAHI

(Evening)

*Ko Koe e whai nei i te Pono! Ki te hiahia koe kia whakapuakina ou kanohi e te Atua, me koropiko koe ki te Atua, me inoi a me whakawhitiwhiti
whakaaro i te rangi weherua penei*:

E te Ariki, kua huritia e au toku kanohi kia anga ki Tou Rangatiratanga tuhono a kua rumaki ki roto i te moana o Tou aroha! E te Ariki meinga kia marama au ma te titiro ki Ou maramatanga i roto o tenei po pouri, a meinga kia koa au i te waina o Tou aroha i roto i tenei whakatupuranga whakaharahara.

E te Ariki, meinga au kia rongo ki Tau karanga, a whakatuwheratia ki taku aroaro nga tatau o Tou rangi kia kite atu ai au i te maramatanga o Tou kororia a ka mina ki Tou humarire!

Ko Koe ano koa te Kaihomai, te Ringamaka, te Aroha, te Muru i te hara!

- 'Abdu'l-Bahá

MURU I TE HARA

(Forgiveness)

E te Ariki. Ko Koe nei te tumanako o te tangata Ko Koe te whakaru o enei katoa Au pononga. E matau ana Koe ki nga mea huna ki nga mea wairua. He hunga hara matau katoa a ko Koe te whakaru o te hunga hara, te Mea whai kia tohungia, te Mea ngawari E te Ariki kaua ra e tiro ki o matau makenu. Whakataua iho ki runga i a matau Au mahi whakarangatira me Au mahi whakanui. He maha o matau makenu engari kaore he mutunga o te moana o Tou aroha. No reira E te Atua atawhaitia iho matau a whakaurutia iho he kaha ki roto i a matau. Awhinatia matau i roto i nga mea e pai ai matau ki Tau kuaha. Hoatu te marama ki nga manawa, meinga nga mata kia kite, meinga nga taringa kia koi. Whakaaratia te hunga mate, whakaoratia te hunga turoro. Meinga kia rangatira te hunga rawakore a kia whai turangawaewae te hunga mohoao. Awhikautia matau i roto i Tou Kingitanga. Mainga kia marama matau i te kapura o te aroha. Ko Koe te Ngakau nui, Ko Koe te Ngawari, Ko Koe te Aroha.

- 'Abdu'l-Bahá

TAMARIKI

(Children)

E te Atua whakatiputia tenei pokiti nohinohi i roto i te poho o Tou aroha a hoatu ki a ia te waiu o Te oratanga. Reatia tenei hurupi ki roto i te mara putiputi o Tou aroha a whangaitia ma nga kouaua mai o nga kapua o Te oratanga. Meinga ia hei tamaiti no Tau Kingitanga a arahitia ki te ao tapu. Ko Koe he kaha he aroha. Ko Koe te Kai-homai, te Kai-whakarangatira, ko Au whakapai i kake i etahi katoa.

- 'Abdu'l-Bahá

AWHINA

(Assistance)

Kaua re E te Ariki! E whakakoretia te hakari kua rohatia nei i runga i Tou Ingoa a kaua hoki e whakapokotia te mura ahi kua tahuna i Tau kapura e kore nei e taea te tinei. Kaua hoki e papunitia atu te rere a Ou Wai Ora e rea haere nei i te rangi o Tou kororia a o Tou maumaharatanga, a kaua hoki e tangotia i Au pononga nga ami o Tou ha whakaputa i te kakara o Tou aroha.

Hurihia E te Ariki nga taumaha whakararu a Au mea tapu kia mama, a ratau whakamomori kia noho ngawari, o ratau whakaiti kia kororia a o ratau pouri kia rekareka koa; E te Ariki kei Ou ringa nei e pupuri ana te toihuarewa o te hanga tangata.

Ko Koe toitu ia Kotahi, te Motuhake, te Kaharawa, te Matau ki nga mea katoa, te Rungarawa o te ruanuku.

- 'Abdu'l-Bahá

WHAKA ORA

(Healing)

Ko Tóu ingoa te whakaora moku, E toku Atua, a te maumahara Móu toku rongoa, Te tata atu ki a Koe toku tumanakotanga, a te aroha Móu toku hoa. Ko Tóu ngakau aroha mai ki au toku whakaora a toku homai oratanga i rototahi i tenei ao a i te ao mo te haere mai. Ko Koe, koa, te Tino-Huhuatanga, te Matau ki nga mea katoa, te Tohunga ki nga mea katoa.

- Bahá'u'lláh

KOTAHITANGA

(Unity)

E toku Atua! E toku Atua! Whakakotahitia nga ngakau o Au pononga, a whakahuratia ki a ratau Tóu tikanga nui. Kia whai ratau i Aú whakahau, a kia noho i roto i Táu ture. Awhinatia ratau, E Te Atua, i ta ratau whai, a hoatu ki a ratau te kaha hei pononga Máu. E Te Atua! Kaua ratau e waiho ko ratau anake, engari arahitia o ratau waewae ma te maramatanga o te matauranga, a whakarekarekatia o ratau ngakau i Tóu aroha. Te tino tika, Ko Koe to ratau Kai-awhina a to ratau Atua.

- Bahá'u'lláh

HAERE

(Journey)

E Te Atua, toku Atua! Kua whakatika atu au i toku kainga, te rarawhi nei ki te tauwhere o Tóu aroha, a kua tukuna atu au pau katoa atu ki Tóu manakitanga a ki Tóu tiakitanga. E inio atu ana au ki a Koe ma Tóu mana nana au i tiaki e Koe i te hunga upoko maro, a i nga whakahawea a te kaiwhakahemanawa a i te hunga mahi i te kino kua kotiti pamamao nei ratau i a Koe a ma Tóu whakaaronui ma Tóu aroha au e tohu kia ora tonu. Mainga kia ahei au, i muri i tena ki te hoki ki toku kainga i runga i te tapu o Tóu mana o Tóu kaha. Ko Koe pono, te Kaharawa, te Awhina i roto i te Mate, te Mana noho Motuhake.

- Bahá'u'lláh

MO RATAU KUA HURI KI TUA O TE ARAI

(For the departed)

E toku Atua! Ko Koe nei hoki te Kai muru o te hara! Kai Tuari i te toku! Kai whakakore i te mamae!

E tino inoi au ki a Koe kia murua nga hara o te hunga, kua tupapaku nei o ratau tinana a kua kake atu ratau ki te ao wairua.

E toku Ariki! Whakamatia ratau i o ratau hara, whakakorea o ratau pouri, hurihia to ratau kauretanga kia marama ke. Meinga ratau kia urutomo i te mara o te koa, horoingia ratau ma te wai ora a whakaetia kia kite ratau i Ou rangatiratanga i runga o te maunga teitei rawa.

- 'Abdu'l-Bahá

MO RATAU KUA HURI KI TUA O TE ARAI

(For the Departed)

Ko te Kororia ki a Koe, E te Ariki toku Atua! Kaua ra e pehia ia ki raro kua whakatiketiketia e Koe ma te kaha o Tou rangatiratanga mutungakore, a kaua hoki e neke tawhitotia i a Koe ia Nau nei i mainga kia kake urutomo i te tapenakara o Tou tuturutanga. E pangatia atu ia e Koe, E toku Atua, kua whakamarumarutia e Koe ki Tou Arikitanga, a e panatia atu ia e Koe E toku Hiahia ko Koe nei tona whakaruru? E takatakahia ia e Koe Nau i hapai ki runga e wareware ranei a ia Nau i meinga kia ahei ki te maumahara ki a Koe?

Whakakororiatia, whakakororianuirawatia Koe! Ko Koe Ia mai no te po kua Kingi o nga mea katoa kua hanga a ko te Mauri, a ka noho ko Koe mo ake tonu atu Ariki te Kaiwhakarite o nga mea katoa kua hanga. Whakakororiatia Koe, E toku Atua! Ki te mutu Tou aroha ki Au pononga, ma wai ra e whakaputa te aroha ki runga i a ratau? A ki te katia e koe te awhina i Au i aroha ai, ko wai atu e ahei ki te awhina i a ratau?

Whakakororiatia,
whakakororiamutungakoretia Koe!

E arohanuitia ana Koe i roto i Tou pono a ko Koe e tino koropiko atu matau, a kua whakakitea Koe e Tou tika, a e tino whaki ana matau katoa Mou.

Ko Koe pono i arohatia i roto a Tou tau, Kaore he Atua ke atu ko Koe anake, te Awhina i te Wa tupato te Mana motuhake.

- Bahá'u'lláh

NGA KUPU NGARO

E TE TAMA O TE HUNGA ORA!

Ki te mau koe i te rawakore, kaua e pouri, aa toona wa te Ariki ka noho ki a koe. Kaua e wehi ki toou whakaititanga, e ra ano, ka tau te korooria ki a koe.

- Bahá'u'lláh

E TE TAMA A TE TANGATA!

Ko te temapara o te hinegaro hei toroona mooku.
Me whakanoa nga mea katoa,
kia whakapumautia ahau ki reira,
kia whakanohotia ahau ki reira.

- Bahá'u'lláh

www.ingramcontent.com/pod-product-compliance
Lightning Source LLC
Chambersburg PA
CBHW030336010526
44119CB00047B/524